OBJETS D'ART

ET DE

CURIOSITÉ

DES XVᵉ, XVIᵉ ET XVIIᵉ SIÈCLES

FAIENCES ANCIENNES

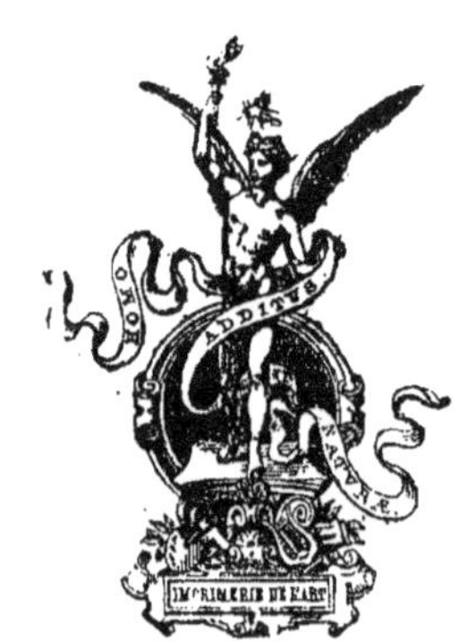
HOMO
ADDITVS
IMPRIMERIE DE L'ART

CATALOGUE

D'OBJETS D'ART

ET DE CURIOSITÉ

Des XVᵉ, XVIᵉ et XVIIᵉ siècles

Orfèvrerie — Objets de vitrine
Bijoux — Ivoires — Émaux — Miniatures
Faïences anciennes, de Palissy, de Rouen, de Delft
Faïences italiennes — Bronzes — Sculptures — Objets divers
Meubles — *Piano d'Érard*
Tapis persans du xviᵉ siècle — Étoffes

PROVENANT EN PARTIE

De la succession de Mᵐᵉ la Comtesse DE JONAGE

DONT LA VENTE AURA LIEU

HOTEL DROUOT, SALLE Nᵒ 7

Le Samedi 26 Mars 1887

à deux heures

COMMISSAIRES-PRISEURS

Mᵉ G. BOULLAND	Mᵉ RENÉ APPERT
26, rue des Petits-Champs, 26	17, rue Bergère, 17

EXPERT : **M. B. LASQUIN**, 12, rue Laffitte.

Chez lesquels se trouve le présent Catalogue.

EXPOSITION PUBLIQUE

Le Vendredi 25 Mars 1887, de 2 heures à 5 heures 1/2

CONDITIONS DE LA VENTE

—

Elle sera faite au comptant.

Les acquéreurs payeront en sus des enchères *cinq pour cent*, applicables aux frais.

L'exposition mettant le public à même de se rendre compte de l'état des objets, il ne sera admis aucune réclamation une fois l'adjudication prononcée.

Paris. — Imp. de l'Art. E. Ménard et J. Augry
41, rue de la Victoire, 41,

DÉSIGNATION DES OBJETS

ORFÈVRERIE

1 — Belle croix processionnelle de la fin du
xvie siècle, en argent repoussé à draperies,
attributs, têtes de chérubins, et offrant aux
extrémités des figures d'évangélistes dans des
médaillons ronds ; les bras sont également
ornés de motifs ajourés rapportés.

La face supporte un Christ ; le revers, de
décoration analogue, représente des rinceaux
et divers attributs de la Passion ; au centre,
un médaillon représente le Père éternel.

2 — Hanap du temps de Louis XV, en argent
repoussé, offrant un écusson armorié soutenu
par deux génies dans un motif d'ornements
rocaille ; il est garni d'une anse contournée.

3 — Gobelet en argent gravé à fleurs, sur pied
bas orné d'une zone de palmettes.

IVOIRES

4 — Petit groupe en ivoire du xvie siècle : la Vierge assise allaitant l'Enfant Jésus.

5 — Petite plaque en ivoire sculpté en bas-relief, représentant Saint Georges terrassant le dragon, dans un encadrement du xve siècle.

6 — Autre plaque d'ivoire sculpté, représentant la Vierge assise sur un trône, portant l'Enfant Jésus, dans un encadrement de même style.

7 — Plaque circulaire en ivoire du xve siècle, divisée en quatre compartiments offrant chacun un sujet de deux figures.

8 — Custode de forme cylindrique en ivoire, dont le pourtour est entièrement couvert d'oiseaux dans des entrelacs se terminant par des feuillages à la partie supérieure, sculptés en relief sur fond champlevé.

9 — Petit cor en ivoire sculpté orné d'un motif Renaissance, composé de deux cariatides

ailées se terminant en rinceaux et soutenant une couronne au centre de laquelle se voit un écusson armorié.

10 — Deux manches en os tourné, balai et plumeau du xvie siècle. Provenant de la vente du musée Carnavalet.

OBJETS DE VITRINE ET DIVERS

11 — Agrafe formant pendeloque, composée d'un écusson en verre églomisé de forme ovale, dans un motif héraldique en argent doré, représentant un lion et un ours, rattaché par trois chaînettes à une lettre couronnée. Fin xvie siècle.

12 — Cage d'horloge horizontale du xvie siècle, en cuivre doré et gravé à armoiries.

13 — Clef à double paneton du xviie siècle, en fer, ornée d'une attache mobile, composée d'un écusson couronné, repercé à jour et doré en partie.

14 — Petite clef Louis XV, en fer, avec poignée repercée à jour et fleurdelisée.

15 — Médaille grecque en argent.

16 — Plaque rectangulaire en émaux de couleurs, rəprésentant la Vierge allaitant l'Enfant Jésus, saint Joseph debout et quatre anges en adoration. Dans le haut, le Père éternel sur des nuages.

17 — Miniature rectangulaire sur vélin, dans le goût de Van Blarenberghe, représentant une fête donnée par la ville de Paris à l'occasion de la naissance du Dauphin.

18 — Gouache : Joueur de musette.

19 — Montre en or émaillé avec chiffre couronné.

20 — Collier et bracelet en fausses perles ; bracelet en cheveux, or et émail.

21 — Petit modèle de cadre gothique et colonnette du xvie siècle.

22 — Encrier de bureau en plaqué, orné d'écusson et se composant de quatre pièces. Époque Louis XIV.

23 — Deux lames d'épées du xvie siècle.

24 — Fleur de lis en fer damasquiné d'argent.
xvie siècle.

25 — Deux sphères montées sur des pieds en
bois sculpté et doré. Époque Louis XIV.

26 — Épée Louis XVI avec fourreau.

27 — Coupe en verre de Venise.

28 — Brûle-parfums.

29 — Deux porte-lumières sur vases du Japon.

30 — Boîte en laque à deux tiroirs.

31 — Surtout de table en plaqué, aux chiffres de
Rachel.

32 — Quatre réchauds pareils.

33 — Plateau en plaqué.

34 — Moutardier et trois salières en argent.

35 — Divers. Bijoux modernes.

FAIENCES ET PORCELAINES

36 — Coupe ovale sur pied bas, en faïence genre
Palissy, décorée de reptiles, de coquillages
et de feuillages en relief.

37 — Plat rond en terre vernissée brun et jaune,
dont le fond représente une tête de paysan
et le bord des branches de fleurs et de feuillages.

38 — Petit plat en ancienne faïence de Moustiers,
à décor bleu, décoré d'un écusson armorié
au centre et d'un liseré d'ornements.

39 — Assiette en ancienne faïence de Moustiers,
ornée sur le marli d'un écusson armorié et
d'une bande d'ornements.

40 — Six tasses à café avec soucoupes en porcelaine de Saxe, décorées de guirlandes de
fleurs en spirales avec bordures imbriquées
bleu à rehauts de dorure.

41 — Potiche de forme sphérique en faïence italienne.

42 — Plat hispano-mauresque.

43 — Deux vases forme Louis XVI, à têtes de
béliers.

44 — Corne d'abondance et une plaque, décor en
camaïeu rose.

45 — Vase en faïence italienne.

46 — Quatre cornets en faïence de Delft, décor
bleu.

47 — Hanap, forme casque, en faïence de Rouen,
décor polychrome.

48 — Gourde en faïence de Rouen.

49 — Gourde en faïence de Nevers.

5o — Potiche et deux cornets en faïence de Delft
polychrome à cannelures.

5 1 — Brûle-parfums en Rouen.

52 — Pichet en Rouen.

53 — Plateau en faïence de Delft.

54 — Deux lions en faïence.

55 — Deux jardinières en faïence de Rouen, décor polychrome.

56 — Deux plaques en faïence de Delft.

57 à 60 — Cuvette, une plaque, un encrier et une assiette en faïence de Rouen.

61 — Deux vases en porcelaine de Saint-Cloud.

62 — Trois potiches et deux cornets en faïence de Delft polychrome.

63 — Plat en faïence de Sinceny.

64 — Fontaine à deux robinets en faïence de Rouen.

65 — Plaque en faïence décorée d'un sujet Watteau.

66 — Pot à eau et cuvette en faïence de Nevers.

67 — Plat en Chine, et une cuvette.

68 — Tabatière en Saxe.

69 — Deux pigeons en Saxe.

70 — Coq de bruyère en porcelaine allemande.

BRONZES

71 — Statuette de Saint Jean debout, bronze doré
du xvie siècle.

72 — Coquillage en bronze ancien de la Chine,
à patine brune.

73 — Très beau mortier en bronze, à riches ornements et inscriptions. xvie siècle.

74 — Mortier en bronze, orné de fleurs de lis.
Fin du xvie siècle.

75 — Deux appliques à une lumière, en bronze
doré du temps de Louis XIV, à cariatides,
mascaron et ornements.

76 — Flambeau Louis XIV, en cuivre.

77 — Bassin vénitien en cuivre repoussé, à go-
drons, avec cerf au centre.

SCULPTURES

78 — Belle frise en marbre blanc sculpté ornée
de deux enfants et d'un mascaron central.
xvɪe siècle.

79 — Très beau fragment de frise en terre cuite,
attribué à Puget.

80 — Fragment en terre cuite du xvɪɪe siècle, représentant en haut-relief quatre figures ro-
maines près d'un char.

81 — Pilastre en marbre tendre du xvɪe siècle,
orné d'une figure d'enfant, de mascarons sou-
tenus par une draperie, et surmonté d'un cha-
piteau.

82 — Tête de femme du xve siècle, sculpture
d'applique.

83 — Tête de cheval en terre cuite romaine.

84 — Statuette de saint en marbre du XIIIe siècle.

BOIS SCULPTÉS

85 — Très belle porte en bois de chêne sculpté,
à deux battants. Le haut est orné de riches
panneaux à enroulements et animaux fantas-
tiques ; le bas, de panneaux plissés.

86 — Petit panneau en bois sculpté en relief, représentant un très joli motif Renaissance
composé de cartouches, de grotesques et
d'une cariatide ailée supportant une coupe
de fruits.

87 — Cadre en bois orné d'arabesques. XVIe siècle.

88 — Cadre doré et sculpté. Époque Louis XVI.

89 — Grand et beau cadre richement sculpté à
oves et feuilles d'acanthe. XVIe siècle.

90 — Petit dais en bois sculpté gothique.

91 — Grand panneau en noyer orné au centre
d'un riche écusson. Fin du xvᵉ siècle.

MEUBLES

92 — Très belle et curieuse commode de l'époque
Louis XV, décorée de personnages et d'ornements dans le goût de Bérain sur fond laqué
gris.

93 — Grande et belle armoire en bois de chêne
richement sculpté. Époque Louis XV.

94 — Grande et belle pendule avec son socle en
écaille verte, incrustée de cuivre et ornée de
bronze, de la plus grande finesse d'exécution.
Époque Louis XV.

95 — Piano d'Érard en bois de chêne.

96 — Deux chaises en bois doré et tapisserie.

97 — Glace Louis XIII à bordure en bois noir
et cuivre.

98 — Tabouret de pieds en bois doré et satin vert.

TAPIS — ÉTOFFES

99. — Grand et beau tapis persan du xvıᵉ siècle, à riches dessins d'ornements sur fond rouge amarante.

100 — Grande carpette de même provenance et de même époque, à dessin de fleurs sur fond gris.

101 — Grand morceau de soie en forme de chape, fond blanc à bouquets de fleurs. Époque Louis XV.

102 — Habit et gilet du temps de Louis XVI, en velours rouge épinglé à quadrillés blancs.

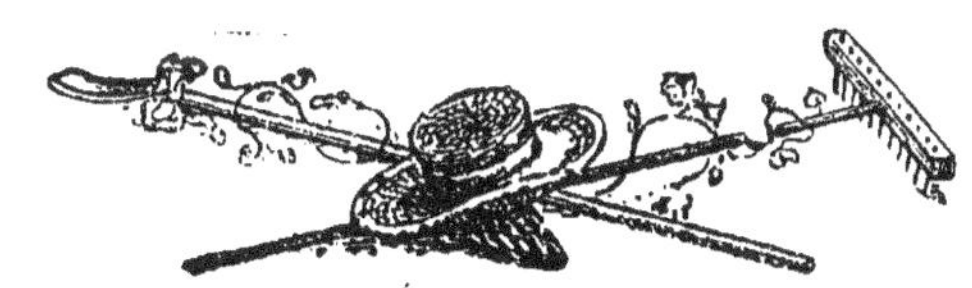